AF404827

CATALOGUE

D'UNE NOMBREUSE COLLECTION

DE TABLEAUX,

DES ÉCOLES DE FRANCE, D'HOLLANDE, D'ITALIE ET D'ESPAGNE,

Anciens et modernes, Objets de curiosités, Dessins montés et en feuilles, Gouaches, Gravures, Livres à Figures, etc. ;

Dont la Vente se fera rue Vivienne n° 18, le mercredi sept avril 1824, et jours suivans;

Elle sera précédée d'une exposition pendant trois jours : savoir : le dimanche 4, lundi 5 et mardi 6 dudit mois, dans le local indiqué ci-dessus, de midi à 5 heures.

Ce Catalogue, rédigé par Pierre ROUX (du Cantal),

ARTISTE ET APPRÉCIATEUR D'OBJETS D'ARTS,

Se distribue A PARIS,

Chez
{
L'Auteur, rue de Bourbon n° 35 ;
Me Merlin, Commissaire-priseur, rue du Boule n° 8 ;
Le Concierge, rue Vivienne n° 18.
}

M. DCCC. XXIV.

DE L'IMPRIMERIE D'ÉVERAT, RUE DU CADRAN Nº 16.

AVANT-PROPOS.

La nombreuse réunion de Tableaux et d'Objets d'art que nous sommes chargés d'offrir au public, se compose de trois collections importantes. L'une provenant, *après décès*, du Cabinet de M. Basset, *ancien Avocat au Parlement de Rouen*. La seconde a fait partie des Tableaux enlevés en Espagne, dans les premières guerres, dont la plupart furent exposés au Louvre, sous le Gouvernement Impérial; ces Tableaux ont été rendus au propriétaire, à la restauration, et des motifs puissans le forcent de s'en détacher aujourd'hui; la troisième enfin, vient du cabinet de M. P. D., artiste à Paris.

Cette réunion offre des productions remarquables des diverses Écoles anciennes et modernes et des premiers maîtres, tels que, André del Sarto, le chevalier Vannius, le Carravage, Piétro de Cortone, le Guierchino, Carlo Cignani, Carlo Dolci, Maillos Velacques, Allonzo Calo, Lucas Jordanna, Rubens, Snáyders, Jordans, Champagne, Rembrant, Porbus, David Teniers, Scalken, Elzeimer, Van-Huisum, Moucheron,

DEBUT DE PAGINATION

Poussin, Stella, Bourdon, Callot, Mignard, Blanchard, Renault, Lantara, Taunay, Demarne, Boilly, Drolling, etc., etc. Des Dessins et Gouaches encadrés et en feuilles, par Moucheron, Nicole, Boillius, Finard, Jolimont, Bourgeois, Bellanger, etc.; divers Objets de curiosité et Livres à figures, Gravures, etc.; et une belle collection d'Oiseaux peints par un artiste allemand.

Le grand nombre d'articles qui composent cette Vente, et le peu de temps que nous avons eu ne nous ont pas permis d'étendre notre Notice, et nous forcent d'être concis dans nos éloges et nos descriptions. Nous nous arrêterons cependant sur les articles les plus capitaux, et nous appelons avec confiance l'attention et les lumières des amateurs sur l'ensemble de cette collection, dont la plus grande partie est digne de figurer dans le cabinet des hommes du meilleur goût.

CATALOGUE

D'UNE NOMBREUSE COLLECTION

DE TABLEAUX.

ÉCOLE D'ITALIE.

PARMESAN.

1.— UNE *Sainte-Famille*, composition de quatre figures. La Vierge tient sur ses genoux l'Enfant Jésus, qu'elle considère avec un tendre sourire, au moment où il veut donner à sa mère un fruit qu'il tient dans sa main. Derrièr celle, saint Joseph, appuyé sur le coude, est attentif à cette scène, et semble en même temps, écouter sainte-Anne, assise à gauche .et tenant, de la main droite, un vase où l'on voit une grappe de raisin.

Ce morceau est remarquable pour la finesse et l'éclat du coloris, le grand caractère des têtes, la beauté de la composition et le grand goût du dessin. Ce beau tableau, que des connaisseurs regardent comme étant du Parmesan, est digne d'orner les belles collections. T. h. 48, 1. 36.

VANNIUNS (Le chevalier).

2.—Les connaisseurs apprécieront, sans doute, ce tableau capital, représentant une *Sainte-Famille*. Cette production n'est pas moins remarquable par la finesse du coloris, que par la grâce des expressions et tous les genres de beautés qu'un brillant pinceau a su y répandre. Guidé par les inspirations des ouvrages du Corrége, cet aimable artiste nous a donné ici une charmante imitation de ce grand peintre, pour la vie et la grâce des têtes; une douceur céleste se peint dans celle de la Vierge : elle est assise dans un paysage, le visage incliné sur son divin fils, qui répond avec grâce au tendre sourire de sa mère et semble, de ses bras carressans, solliciter d'elle, un Bouquet de cerises, que tient saint-Joseph en le montrant au-dessus de sa tête. Ce beau et charmant tableau, que nous recommandons aux amateurs de la haute curiosité, est un de ceux qui ont été exposés au Musée, comme nous l'avons déjà dit dans notre Avant-Propos. Le même sujet , mais plus petit, par le même auteur, s'y trouve encore. T. l. 5o p., h. 9³ p.

PIÉTRE DE CORTONE.

3.— Un tableau capital et d'une belle ordonnance, qui nous paraît être un sujet héroïque. La scène se passe dans un paysage. On remarque à droite un personnage entièrement nu, qui semble reconnaître une femme, en présence d'un chef qui l'aurait prise sous sa protection, en lui donnant asile auprès de lui : il paraît la rendre avec générosité à son époux. Les deux guerriers qui ont amené ce dernier, sont frappés d'étonnement à l'aspect de cette femme, qui se présente avec une noble fierté. Du côté opposé, deux vieillards assis s'entretiennent avec le compagnon d'infortune de l'inconnu; il est également dénué de vêtemens. Sur un plan éloigné, on aperçoit, au milieu du tableau, deux femmes demi-nues, qui exécutent des danses au son des cymballes, que fait retentir une troisième. Un fleuve personnifié, appuyé sur son urne, occupe le premier plan. Ce tableau est digne des premières collections. T. l. 81 p., h. 6o p.

ROMANELLI.

4.— Le Pinceau suave et brillant de cet habile artiste, en représentant *une jeune Fille portant une gerbe d'épis*, a réuni, dans cette aimable production, tout ce que le printemps de l'âge peut offrir de fraîcheur et de grâces naïves. Une blonde chevelure est le seul ornement de sa tête, vue de trois quarts. Son ajustement, d'un grand goût, laisse à découvert l'épaule et la poitrine. D'une main, qu'elle élève avec grâce, elle retient une draperie rouge dont les plis ondoyans passent derrière la figure et ajoutent encore à son effet. T. l. 27 p., h. 34 p.

CINANI (Carlo).

5. — Si l'on ne retrouve pas dans les productions de cet habile peintre, le grandiose de style du grand siècle de la peinture, peut-être ce mérite est-il balancé par celui de la couleur, dans les tableaux de Cinani. Cette observation semble justifiée par celui d'une *Sainte Famille* que nous allons décrire: l'Enfant-Jésus est assis sur les genoux de la Vierge qui le soutient d'une main, tandis que, la tête appuyée sur l'autre, elle écoute Saint Joseph qu'on voit à gauche, désignant un objet dont la vue produit l'expression de la frayeur sur les traits de l'enfant: le sang et la vie circulent dans sa carnation; les mains et la tête de la Vierge sont remarquables par le dessin, le grand caractère, la vérité de la couleur, et la fermeté du pinceau. T. l. 37 p., h. 44. p.

SALSO-FERATO.

6. — *La Vierge tenant sur ses genoux l'Enfant-Jésus endormi.* La figure de la Vierge est remarquable par la noblesse et la régularité de ses traits, réunies aux grâces de la jeunesse; elle exprime toute la tendresse d'une mère: les draperies sont ajustées avec goût, et les plis larges et d'un bel effet. T. l. 14 p., h. 18. p.

PROCACINI (Camille).

7. — *Le Portrait* de cet artiste peint par lui-même, assis devant son chevalet, peignant un autre portrait. Tableau intéressant sous le mérite de l'art et du personnage qu'il représente. T. l. 18, h. 26 p.

JORDANO (Lucas).

8. — *L'Enlèvement des femmes des Lapithes par les Centaures;*

contre lesquels combattent les premiers. Riche composition, pleine de mouvement et d'énergie ; morceau capital et l'un des beaux tableaux connus de ce maître. T. l. 48 p., h. 33. p.

JORDANNO (LUCAS).

9. — *Loth et ses filles.* Ce vieillard est au milieu d'elles : cette composition se fait remarquer pour le charme et la grâce avec lesquels l'artiste a su rendre une scène voluptueuse, sans s'écarter du respect dû au sujet. T. l. 72 p. , h. 48 p.

ÉCOLE DE RAPHAËL.

10. — Non loin des gouffres du Ténare, à l'entrée duquel on voit Mercure qui commande un foudre que Vulcain va forger pour Jupiter, Vénus est venue trouver son fils, auquel elle a dérobé trois flèches, en laissant son carquois épuisé. La Déesse de la beauté est nue, et occupe le premier plan. B. l. 36 p., h. 47 p.

MÊME ECOLE.

11. — Une copie de la *Sainte-Famille*, du Musée royal de France, faite pour François 1er. T. h. 72 p., l. 48 p.

MARATTE (CARLE).

12. — *Agar dans le désert :* l'Ange lui apparaît au moment où elle pleure son fils qu'elle vient d'abandonner ; on le voit à quelque distance, étendu sur la terre, et près d'expirer ; mais l'envoyé du ciel indique à cette mère désolée, une source d'eau qui va rendre à la vie le jeune Ismaël. Ovale, C. l. 21 p., h. 17 p.

ALBANE.

13. — Deux tableaux d'une précieuse exécution, faisant pendant : l'un représente Vénus assise au bord de la mer, et caressant l'Amour; l'autre, ce petit dieu appuyé contre

un rocher au bord du rivage, d'où il appelle l'oiseau consacré à la reine de Cythère. On reconnaît, dans ces deux échantillons, tout le charme des productions gracieuses l'Albane, que des connaisseurs ont reconnu dans ces deux jolis tableaux. T. l. 6 p., h. 9 p.

RICCI (Sbébastien).

14. — *Sainte Catherine* debout, et de grandeur naturelle, foulant à ses pieds un empereur renversé à terre. T. l. 58 p., h. 80 p.

LE GUERCHIN.

15. — Un *Ecce homo*. Le Christ est présenté aux Juifs, une couronne d'épines sur la tête d'où le sang ruisselle ; il est accompagné d'un soldat qui, d'une main, retire un manteau rouge qui couvrait le divin Sauveur, tandis que, de l'autre, il tient une corde qui lui lie les mains. Le Guerchin a su allier, dans ce tableau, la noblesse des traits à l'expression d'une douceur toute céleste, et un coloris plein de vérité. T. l. 43 p., h. 35 p.

MÊME ÉCOLE

16. — Le *Songe de Saint-Jérôme*. Il croit entendre la trompette du Jugement dernier, que fait retentir un Ange qui traverse les airs au-dessus de sa tête. T. l. 24, p. h. 18 p.

ATTRIBUÉ AU MÊME.

17. — *Caïn renverse et tue son frère Abel* ; tableau plein de mouvement, d'énergie, et d'une grande force de coloris. T h. 72 p., l. 49 p.

PORDENON.

18. — *Notre Seigneur en prière*. Il est représenté à genoux, seul, éclairé d'une lumière céleste, et se détachant sur un fond de ciel mystérieux. B. l. 11 p., h. 15 p....

CARAVAGE.

19. — *Herodias présentant au Roi Hérode la tête de Saint-Jean.* Composition de six figures; tableau d'un grand caractère, et d'un coloris vigoureux. T. l. 58 p., h. 40 p.

PAR LE MÊME.

20 — La *Charité romaine :* composition de deux figures vues à mi - corps. Le vieillard, chargé de chaînes et privé d'alimens, est conservé à la vie par la tendresse ingénieuse de sa fille, qui, trompant la vigilance des gardes, le nourrit du lait de son sein. L'inquiétude est rendue avec vérité sur la figure de la femme, dont les regards attentifs sont fixés sur le soupirail de la prison. T. l. 48 p., h. 36 p.

MATHÉO ROSELLI.

21 — Le *Repentir de saint Pierre.* La tête de ce grand apôtre exprime le sentiment d'une douleur profonde. Sa bouche entr'ouverte semble exhaler son ardente prière ; la tristesse de son ame se peint dans ses regards élevés vers les cieux. Une touche ferme et savante se fait remarquer dans cette production. La tête est parfaitement modelée, et le ton vigoureux des chairs contraste avec la transparence de la barbe et des cheveux, touchés avec une grande légèreté de pinceau. T. l. 21 p. h. 26 p.

PAR LE MÊME.

22 — La *Charité romaine.* Caractère de tête aussi noble, aussi pur que l'acte de vertu représenté dans ce sujet. Belle opposition d'ombre et de lumière, parfaitement fondues; touche fine et moelleuse d'un pinceau savant et exercé. T. l. 30 p., h. 35 p.

LE DOMINIQUIN.

23 — Une *Grande Figure colossale.*

DOMINIQUIN.

Une *Figure colossale* d'un grand caractère, représentant un patriarche déroulant les tables de la loi, assis et placé entre deux Génies, d'après Raphaël. T. h. 80 p., l. 53 p.

MÊME ÉCOLE.

24—Un *Saint* couché sur une table, frappé de verges, par un bourreau, en présence d'un empereur romain et d'un grand nombre de spectateurs. Tableau d'un grand caractère. T. l. 47 p., h. 38 p.

CARLO DOLCI.

25—L'*Enfant-Jésus* est appuyé sur sa croix, qu'il tient embrassée, dans la pose la plus gracieuse. L'expression céleste de son regard semble déjà annoncer sa résignation sublime au sacrifice de la rédemption du genre humain, figuré sous l'emblème du globe terrestre, qu'on remarque à droite. Ce tableau, plein de grâce et de sentiment, réunit le mérite de la couleur à une touche fine et harmonieuse. L.   p., h.   p.

PAR LE MÊME.

26—Ce Tableau représente un jeune Enfant qui s'est endormi, la tête et les bras appuyés sur un coussin. On admire, dans ce sujet, la fraîcheur, la beauté, les heureux contours de cette figure, le calme innocent de son sommeil, le sang et la vie qui circulent dans ses chairs, et notamment le précieux fini d'un pinceau flou sans mollesse. T. l. 21 p., h. 27 p.

LE GUIDE.

27—Un *Saint Barthélemy:* la main appuyée sur le livre des Pères de l'Eglise ; il est dans l'attitude de la méditation. Ce tableau, largement peint, offre un grand caractère. T. l. 34 p., h. 44 p.

MÊME ECOLE.

28—Le *Massacre des Innocens.* Belle composition de quatorze figures. Cette scène d'horreur est pleine d'expression et de beaux mouvemens. T. h. 100 p., l. 60 p.

SEBASTIEN CONCA.

29 — Un Ange vient annoncer à un anachorète qu'il existe, dans le désert, un plus grand saint que lui, et lui indique le lieu où il pourra trouver ce saint personnage, qui est, selon la légende, saint Siméon Stylite, auquel un corbeau apportait, tous les jours, un pain à son bec. T. l. 13 p., h. 18 p.

PAR LE MÊME.

30—Une *Sainte Madeleine dans les bois*, vue à mi - corps. Elle est entièrement nue, et voilée seulement par les longues tressés de ses cheveux blonds, qui dérobent une partie de ses charmes. Elle presse dé ses mains une croix contre son sein. Près d'elle est une tête de mort, sur laquelle se portent ses regards. Elle semble méditer profondément sur les vanités humaines. T. l. 29 p., h. 35 p.

SALVATOR ROSA.

31 —Composition de quatre figures vues à mi-corps; sur le devant un soldat assis, armé d'un fusil; plus loin un jeune seigneur coiffé d'une toque à plumes; à droite un vieillard et un autre personnage. Ils paraissent tous les quatre regarder quelque chose avec beaucoup d'attention. T. l. 12p, h. 16p.

SEBASTIANI. DEL PIOMBO (attribué à)

32.— *Notre Seigneur*, attaché à la colonne, est battu de verges. Composition de sept figures.

SCHIDONE (attribué à)

33. — *La Sainte-Famille.* Jésus sur les genoux de sa mère

accompagnée de Saint-Joseph. Coloris d'une grande vigueur.
B. l. 13 p., h. 16 p.

BRONZINO.

34. — *Le Buste d'une jeune femme :* la tête est peinte de trois quarts ; la poitrine couverte d'une gaze blanche avec des bouffettes vers les épaules ; le cou est orné d'une chaîne d'or. B. l. 16 p., h. 22 p.

GASPRE POUSSIN.

35. — *Un Paysage d'un site pittoresque et montueux.* On voit, sur le devant, deux pâtres assis, gardant leurs troupeaux. Du pied d'une roche escarpée, que baigne le cours sinueux d'une rivière, s'élève, sur le second plan, un moulin que frappe un coup de lumière en opposition avec de belles masses d'arbres : on aperçoit, sur un troisième plan, des fortifications assises sur les points élevés d'une montagne qui se prolonge dans de vastes lointains, éclairés par un ciel frais, sur lequel se détache un grand arbre d'une touche large, et qui s'élève à droite du premier plan. T. l. 35 p., h. 25 p.

TASSI (maître de C. Lorrain).

36. — *Un Paysage d'un site romantique et des plus pittoresques.* On voit sur, le premier plan à gauche, un pâtre gardant son troupeau. Du côté opposé, une belle ruine, couverte d'arbustes et formant voûte, laisse échapper deux cascades d'eau bouillonnante. Une belle rivière, baignant dans son cours les bords de rians côteaux, s'étend jusqu'au fond du paysage, où l'on aperçoit une ville et des montagnes dans de brillans lointains. T. l. 36 p., h. 27 p.

HORIZONTI.

37. — *Deux charmans Paysages dans le style historique.* De beaux arbres d'un feuillé large et savant, des terrasses touchées spirituellement, des fabrique, de bon goût, des lointains légers et transparents, et des figures bien dessinées

et gracieuses, placent ces deux jolis tableaux au premier rang des ouvrages de ce maître. T. l. 25 p., h. 18 p.

ÉCOLE ESPAGNOLE.

MURILLO.

38. — Dans cette charmante figure d'un enfant endormi, ce grand coloriste s'est montré le rival de la nature, pour la vérité et l'éclat transparent des chairs. Une draperie blanche, d'un faire large et moelleux, fait encore mieux ressortir le flou et la douceur de leurs teintes, sur lesquelles la lumière se fond, par une gradation insensible, jusqu'à la transition du clair-obscur de la tête qui n'est éclairée qu'en reflets. T. l. 25 p., h. 23 p.

PAR LE MÊME.

Une esquisse représentant Saint-Pierre délivré de sa prison par un ange. T. l. 12 p., h. 11 p.

MURILLO.

39 — Tobie au moment de recouvrer la vue, composition de quatre figures. Au milieu du sujet, on voit le vieux Tobie, assis la tête penchée en arrière, pendant que son fils retire le foie d'un poisson, qu'il va lui appliquer sur les yeux, ainsi que l'ange le lui avait prescrit. T. l. 48 p., h. 34 p.

MÊME ATTRIBUTION.

40 — Un tableau d'une composition et d'une couleur agréables, représentant la vierge tétant l'enfant Jésus debout sur ses genoux. T. h. 40 p., l. 30 p.

RIBERA dit L'ESPAGNOLET.

41 — Saint-Jacques l'Apôtre, vu à mi-corps, vêtu d'une draperie rouge, tenant un bâton dans la main gauche. Tableau vigoureux et sayant. T. l. 55 p., h. 45 p.

ALONZO-CANO.

42 — Saint-François, un genou en terre, dans un paysage, les mains et les yeux élevés vers le ciel, semble invoquer la clémence divine ; à ses côtés, on voit un religieux occupé de lecture. Ce tableau, d'un effet et d'une vérité surprenante, est digne des plus grands maîtres. T. h. 75 p., l. 54 p.

VELAZQUEZ.

43. — Portrait en pied de la reine Isabelle, debout dans son appartement, tenant un éventail d'une main, et de l'autre, un livre. Tableau meublé de divers objets accessoires. T. h. 74 p., l. 38 p.

PAR LE MÊME.

44. — Le Portrait en buste de cet artiste peint par lui-même. T. h. 16 p., l. 12 p.

PAR LE MÊME.

45. — Celui de sa fille, en buste. T. h. 16 p., l. 12 p.

CARRENO.

46. — Le portrait en buste de Philippe II, roi d'Espagne. Cet artiste peu connu, mériterait de l'être davantage. T. h. 16 p., l. 17.

TEREZO.

47. — La Madeleine dans le désert, en prière devant un Christ en croix, au bas duquel on voit une tête de mort et un livre. T. h. 43 p., l. 33 p.

RUBENS (Pierre-Paul).

48. — Le Berger David luttant contre un ours. Son troupeau occupe la gauche du tableau, et un lion vaincu, la droite. Un grand caractère, de beaux mouvemens, un coloris brillant et vigoureux, un effet savant, un paysage et un ciel parfaitement en harmonie avec le sujet ; tels sont les divers genres de beautés qui distinguent et caractérisent ce bel ouvrage. T. l. 96 p., h. 80 p.

MÊME ATTRIBUTION.

49. — Sur une terrasse, à l'ombre de grands arbres qui soutiennent des draperies, on voit, au milieu du tableau, deux Femmes nues endormies ; l'une d'elles, personnage principal, est couchée sur un canapé recouvert d'une draperie rouge; à droite, sa compagne, également livrée au sommeil, se distingue par son attitude gracieuse, et par une ceinture qui lui passe au-dessous du sein : une troisième femme, dont une partie du corps est cachée par le canapé, est vue appuyée contre le dossier, sur lequel, dans l'abandon du sommeil, elle laisse tomber sa tête et ses bras. A gauche, sur le second plan, on voit s'avancer un homme qui semble être un Mendiant, s'appuyant sur une béquille. Tableau fait pendant le séjour de Rubens en Italie. T. l. 71 p., h. 61 p.

MÊME ATTRIBUTION.

Saint François stigmate, et un Religieux du même ordre, en extase à la vue du Seigneur qui lui apparaît ailé. T. h. 84 p., l. 70 p.

ATTRIBUÉ AU MÊME.

50. — Daniel dans la fosse aux lions ; composition connue par l'estampe gravée par Vander Leew, élève de Rubens. T. l. 58 p., h. 45 p.

MÊME ATTRIBUTION.

50 bis. — Un Paysage où l'on aperçoit, sur des rochers,

un Temple de forme circulaire, et sur le devant du tableau, un âne, chargé de gibier et volailles mortes. T. h. 53 p., l. 42 p.

MÊME ATTRIBUTION.

51.—Ce tableau représente le Temps qui dévore ses enfans : sujet allégorique. T. l. 17 p., h. 42 p.

SENAYDERS.

52.—Combat d'une Lionne contre un Sanglier, qu'elle terrasse, dans un paysage, et le dévore. Ces deux animaux sont groupés avec un art et une science admirable. La peinture n'a rien produit de plus beau, ni de plus vrai dans ce genre. T. l. 72 p., h. 62 p.

PAR LE MÊME.

53.—La Fable du Lion pris dans un filet, et délivré par une Souris. Ce sujet, connu de tout le monde, nous dispense de le décrire ; nous remarquerons seulement que ce tableau offre, comme le précédent, tous les genres de beautés qui distinguent les ouvrages de ce grand artiste, sans contredit le premier dans sa manière. Qu'il nous soit permis de dire que ces deux beaux tableaux ont fait partie du Musée royal de France : sans doute que les amis de la peinture applaudiraient au retour de ces deux chefs-d'œuvre, dans cette grande et magnifique collection, qui peuvent faire pendant. T. l. 78 p., h. 60 p.

PAR LE MÊME.

54.— Un jeune Sanglier retranché dans un bois, et assis au pied d'un arbre, est attaqué par huit chiens ; déjà ce terrible animal a renversé les premiers assaillans. Les autres plus éloignés aboient, et semblent craindre de l'aborder. Grande et belle page digne des premières collections. T. l. 106 p., h. 58 p.

PAR LE MÊME.

55. — Un Sanglier chassé et coiffé par cinq chiens, sur un pays plat ; deux d'entr'eux sont renversés à terre, victimes de la dent meurtrière de ce furieux animal. Ce tableau soigné, brillant de couleur et de lumière, ainsi que le précédent, ont fait partie du Musée royal de France. T. l. 103 p., h. 77 p.

PAR LE MÊME.

56. — Encore une Fable du bon La Fontaine : l'Anesse et le Sanglier. Ce tableau, d'un faire savant, large et d'une vérité frappante, offre l'image de la nature prise sur le fait. T. l. 96 p., h. 36 p.

PAR LE MÊME.

57. — Autre Fable de La Fontaine : le Renard et la Cigogne. Le peintre a rivalisé d'esprit et de finesse avec le poëte. T. l. 55 p., h. 42 p.

PAR LE MÊME.

58. — Combat de deux Coqs. Déjà leurs plumes couvrent le terrain ; sur le premier plan à gauche, deux petits poulets essaient également leurs forces : plus loin, une poule effrayée fuit le lieu du combat. Tableau du même temps que les précédens. T. l. 54 p., h. 29 p.

REMBRANDT.

59 — Le Portrait du grand artiste, peint par lui-même. Il est vu à mi-corps et de trois quarts, les mains jointes et en vêtement du matin. Encore que ce tableau ne soit fait qu'au premier coup et sans impression, il n'en porte pas moins le sentiment énergique et le bel effet qui lui ont mérité le titre glorieux de premier peintre de la Hollande. T. h. 34 p., l. 28 p.

ATTRIBUÉ AU MÊME.

60. — Minerve coiffée d'un grand casque, vue à mi-corps, tenant d'une main sa lance, et de l'autre son bouclier. Tableau d'un beau caractère et d'un grand effet. T. h. 44 p., l. 34 p.

CHAMPAIGNE (PHILIPPE).

61. — Morphée : il est représenté endormi, couché sur un lit antique; ses ailes sont ployées, la nuit le couvre de son voile; l'Amour répand des pavots sur son sein, et les songes voltigent autour de sa tête. Tableau très-capital; composition pleine de poésie et de charme. T. l. 90 p., h. 60 p.

PAR LE MÊME.

62. — Le Portrait du grand Colbert, vu à mi-corps et de trois quarts, dans son costume de ministre. Il a une main sur sa poitrine, et de l'autre tient une lettre, sur laquelle est écrit : *au Roi*. Nous ne doutons pas de l'accueil favorable et de l'empressement des curieux, d'acquérir à-la-fois le portrait d'un homme célèbre et l'ouvrage d'un grand peintre.

VAN DYCK.

63. — Un charmant Tableau d'un effet piquant et d'une riche couleur, offrant l'Adoration des Mages. La Vierge, assise au milieu de la scène, offre à la vénération des trois Rois d'Orient son divin Enfant, qu'elle soutient sur ses genoux. Saint Joseph attentif, est assis derrière elle. L'un des monarques, prosterné, a déposé son sceptre et l'encens aux pieds du nouveau-né. Le groupe principal est éclairé des rayons d'une lumière céleste, qui arrive par un percé, tandis que divers spectateurs, ainsi que les gens de la suite du cortége, reçoivent les accidens d'une autre lumière, provenant d'un flambeau que tient un jeune page agenouillé sur le devant du tableau. Signé V. D. T. l. 11 p., h. 14 p.

ATTRIBUÉ AU MÊME.

64. — Achille à la cour de Nicomède. Achille, déguisé en femme, est reconnu au moment où il s'empare d'une épée qu'il trouve au nombre des présens offerts aux princesses de la cour. Riche composition d'un grand nombre de figures. T. l. 60, h. 48.

JEAN DE MABEUSE.

65. — Un sujet allégorique. Sur le devant d'un paysage, l'Oisiveté sous la figure d'une femme nue, est nonchalamment couchée au pied d'un arbre : on voit s'approcher d'elle des monstres divers, dont les formes hideuses offrent l'emblème de différens vices : vainement le chien vigilant et actif s'efforce de les écarter par ses aboiemens. B. l. 21 p., h. 16 p.

JORDAENS.

66. — Vénus et Adonis. Le beau chasseur s'échappe des bras de son amante, qui le couronne de roses. Des Amours semblent vouloir le retenir encore auprès de la beauté. Il la serre dans ses bras et lui donne un dernier baiser ; au-dessus de la déesse, on aperçoit deux cygnes accouplés, symbole de la volupté. Tableau d'une belle couleur et riche de composition. T. l. 48, h. 60 p.

PAR LE MÊME.

67. — Un Enfant, assis dans son berceau, tient d'une main son hochet, et de l'autre retire sa couverture pour laisser approcher un mouton placé devant lui. A ses côtés on voit un autre Enfant qui lui montre une pomme. Tableau plein de vérité et d'une couleur admirable. T. l. 30 p., h. 30 p.

HOLBEN.

68. — Le Portrait de Thomas Morus, vu à mi-corps et de trois quarts, coiffé d'une toque et vêtu d'une fourrure, ayant une main posée sur une table couverte d'un tapis vert et l'au-

tre sur un livre. Tableau intéressant rare et classique.
B. h. 26, l 20.

VICTORS.

69. — Vertumne et Pomone, composition de deux figures ;
tableau remarquable par la vérité et la vigueur du coloris ; la
tête de la vieille femme est d'un beau caractère, et celle de
la jeune, pleine de naïveté.

Ce tableau est de la belle qualité de ce maître. T. h. 60,
l. 47 p.

PAR LE MÊME.

70 — Un Berger garde ses vaches en jouant du galoubet.
Dans le fond on aperçoit un troupeau de moutons et une jeune
Villageoise. B. h. 12 p., l. 15 p.

ADAM ELZÉIMER.

71 — L'Adoration des Bergers : la Sainte Vierge, assise près
d'un vieux monument qui sert d'abri aux voyageurs, vient de
mettre au monde le Sauveur des hommes, et le dépose dans
une crèche ; Saint-Joseph, appuyé sur un bâton, le regarde
avec respect. Près de là, on aperçoit, selon le texte de l'Ecri-
ture, un bœuf et un âne dans le fond ; plusieurs figures d'hommes et de femmes prennent part à cet événement. La scène
est principalement éclairée par la lumière divine, qui envi-
ronne l'Enfant.

Ce Tableau capital est l'un des plus beaux qui soit sorti des
pinceaux de cet habile maître. Cuivre, h. 13 p., l. 11 p.

SCALKEN.

72 — Une jeune et jolie Servante, dont la figure est éclairée par la lumière d'une bougie qu'elle pose sur une table,
tient de l'autre main une assiette dans laquelle il reste des
gauffres qu'elle vient de desservir de la table de ses maîtres,
qu'on aperçoit en tête-à-tête dans le fond du tableau. Effet
piquant, touche soignée, expression fine et charmante dans

la physionomie. Charmante production et bien conservée. T. h. 13 p., l. 11 p.

OTO-VENIUS.

73 — Composition allégorique, représentant la Débauche et l'Amour libertin. Une Femme prostituée, à demi-nue, entraîne sur un lit un Vieillard, que la vue des charmes de la belle semble vivement ranimer. Il porte la main droite à sa bourse pour en tirer quelques pièces d'or qu'il va échanger contre un peu de plaisir ; près de là un Amour brise son carquois. Dans le fond, on aperçoit une femme dont on devine l'emploi. B. h. 12 p., l. 8 p.

TENIERS (DAVID fils).

74 — Saint-Jérôme, la tête découverte et le corps à demi-nu, est dans une grotte, en prière devant un crucifix et tenant un livre à la main ; d'autres sont à ses pieds. Son chapeau est suspendu à une roche. A quelque distance, on voit un lion d'un beau caractère, qui semble se diriger vers ce vénérable personnage. Une percée découvre une échappée de paysage, qui égaie la tristesse et la monotonie du sujet. Ce tableau du bon temps et d'un ton argentin, est encore bien conservé. T. l. 18 p., h. 15 p.

TENIERS, père.

75. — Au devant d'un Cabaret, on voit une réunion de Villageois des deux sexes, assis, le verre à la main ; du côté opposé, sur un fond de paysage, des hommes, se tenant à l'écart, fument et conversent debout. B. l. 12 p., h. 9 p.

PORBUS.

76. — Portrait du grand Sully ministre et ami d'Henry IV. Ce personnage célèbre est représenté à mi-corps et de trois quarts, la tête nue, le col orné d'une fraise, d'une chaîne d'or, qui suspend le portrait du roi Henri, et tient ses gants dans sa main droite. Ce tableau rare et doublement intéres-

sant sous le rapport de l'art et du personnage qu'il représente, sera sans doute envié. T. h. 26 p., l. 20 p.

STEEN (JEAN).

77 — *Intérieur d'une Tabagie :* au milieu de cette composition, de dix figures, animées d'une gaîté bachique, on remarque l'air gauche avec lequel un campagnard hume la li-
queur d'un long vidrecome. L. 18 p., h. 10 p.

PAR LE MÊME.

78. — Au pied de deux grands arbres, qui étendent leur
ombrage sur le premier plan d'un paysage mystérieux, ce
peintre original, par une sorte de caprice opposé à son genre,
a représenté le sujet de Vénus et Adonis. Derrière le couple
heureux, on voit l'Amour aux aguets, épiant avec malice les
tendres faiblesses de sa mère. B. l. 12 p., h. 14 p.

BECHAY.

79. — *Une Élévation en Croix.* Il serait trop long d'analyser
les beautés diverses de cette riche composition, dont chaque
épisode mériterait une description particulière. Son magnifique ensemble présente l'aspect le plus imposant, soit pour
l'énergie et la variété des mouvemens, soit pour la beauté des
expressions, la chaleur d'exécution et la richesse de la couleur. Tout est grand, tout est admirable dans cette scène pa-
thétique, où se trouvent réunis le grandiose de la pantomime,
la vigueur du style et la verve féconde de la brillante imagina-
tion de Rubens, auteur de cette sublime composition. T. l.
72 p., h. 45 p.

MOUCHERON (FRÉDERIC).

80. — Un Paysage : on voit à droite une colline couverte
de broussailles et d'arbres ; vers le milieu s'élève une tour
assise sur des ruines où l'on a pratiqué une habitation. Le
premier plan est orné de figures par Vauder de Hongue. La
vue d'une rivière, qui baigne le pied d'une montagne loin-

taine, termine le fond de ce tableau à l'effet du soleil couchant. L.   p. , h.   p.

LAYRESSE.

81. — Un Silène, enivré des vapeurs du jus de la treille, reçoit le prix de ses exploits bachiques de la main d'une jeune Nymphe, qui tient une couronne de lauriers au-dessus de sa tête : sa compagne, assise à ses côtés, porte la main sur une corbeille de raisins que lui présente la première. B l. 36 p. , h. 26 p.

BARTHOLOMÉ FLAMEL.

82. — La Naissance de Bacchus. Au milieu d'un riche paysage, on voit le petit Dieu élevé sur les mains d'une Prêtresse de son culte ; une autre fait jaillir entre ses doigts le lait des mammelles d'une chèvre : déjà les Faunes et les Silvains sortent des bois. Les Satyres, accourus les premiers, font éclater leur allégresse en mariant à leurs danses bachiques les sons aigus de leurs pipeaux champêtres. T. l. 56 p. , h. 42 p.

C. POELEMBURG.

83. — Deux jolis Paysages et d'un effet piquant ; dans l'un, on voit, à gauche sur le premier plan, une Femme dansant avec un Satyre, en présence de trois autres Femmes couchées sur l'herbe : ces figures se détachent sur une roche couverte d'arbres. Un marécage, au bord duquel on voit quelques animaux, sépare les plans éloignés, qui se terminent par des montagnes s'élevant à l'horizon, à l'effet d'un soleil couchant.

L'autre offre un monticule derrière des ruines qui forment opposition sur des lointains, d'un ton clair, et à l'effet d'un soleil levant. Sur le premier plan, un Berger à genoux, essuie les superbes dédains de son Amarillys. B. l. 9 p. , h. 7 p.

WOUVERMANS (PHILIPPE).

84. — Sur le devant d'un Paysage, on voit Saint Martin à

cheval, distribuant son manteau à des pauvres qui se trouvent sur son passage : le côté gauche du tableau, présente un monticule d'où s'élèvent deux grands arbres qui se dessinent avec légéreté sur un ciel chaud et plein de lumière : ce tableau fin est encore d'un effet piquant. T. l. 29 p. , h. 20 p.

PAR LE MÊME.

85. — Une Escarmouche de cavalerie. Ce tableau est connu sous le titre du *Moulin brûlé :* l'action, qui se passe sur le premier plan , est pleine de verve et de mouvement ; on y reconnaît la touche moelleuse et savante de ce grand-maître. L.   p. , h.   p.

ATTRIBUÉ AU MÊME.

86. — Un Cavalier cause avec un Villageois. B. h. 9 p. , l. 11 p.

VAN HUYSUM (Jean).

87. — Un Paysage, le plus capital et le plus précieux, connu de ce maître, où l'on voit plusieurs Nymphes qui rendent des hommages à Bacchus, en déposant leurs offrandes au pied de la statue de ce dieu. Cette riche composition, d'un style élevé, présente l'aspect du printemps. Les premiers plans sont ornés de grands arbres qui se détachent sur un ciel transparent, et laissent apercevoir, dans un lointain vaporeux, une rivière, de riches monumens d'architecture , des roches escarpées avec fabriques, et des chaînes de montagnes qui terminent l'horizon.

Dans ce rare morceau, ce peintre, qui n'a point eu d'égal pour ses tableaux de fleurs , n'a pas montré moins de perfection dans le genre du paysage. L.   p., h.   p.

WEENINX (Jean).

88. — Un Tableau de nature morte, représentant divers oiseaux de chasse, un fusil avec sa gibecière , et des fleurs de pavot se détachant sur un fond d'arbres qui font partie d'un

parc dont on découvre la perspective à gauche. T. l. 42 p.
h. 33 p.

VEERFF (Pierre-Vander).

89. — Sur le devant du Paysage, une Femme nue endor-
mie, couchée sur une draperie ; sur le second plan, une
autre en demi-teinte, vué par le dos et dans la même attitude. On aperçoit, dans le fond, deux Satyres qui les consi-
dèrent. B. l. 12 p., h. 14 p.

L. BACKUISEN.

90. — Le point de vue d'une mer agitée à l'approche d'un
orage qui s'élève sur l'horizon. On voit, sur le devant, cingler
une barque de passagers. Plus loin, on distingue diverses petites voiles qui louvoient. A droite, l'œil découvre une ville,
et un moulin au haut d'une falaise qui s'élève au bord de la
mer. T. l. 24, h. 20.

ROTTENHAMER.

91. — Un Tableau capital et de la plus précieuse exécution,
représentant l'intérieur du palais de l'une des divinités de
l'Océan : il est situé au bord de la mer, que laisse apercevoir
l'ouverture de cette grotte, décorée des divers attributs de cet
élément. On distingue, dans le lointain, des tritons qui ap-
paraissent à la surface des eaux. Autour d'une table, qui occupe le milieu de la grotte, on remarque quatre personnages.
Les deux divinités du lieu sont nues, et font les honneurs d'un
banquet offert à deux Guerriers : des Amours, voltigeant au-
dessus de leur tête, célèbrent la présence des nouveaux hôtes,
en répandant des fleurs : d'autres, sur le devant, rassem-
blent dans une conque, des fruits épars ça et là, et versent
l'ambroisie dans des coupes d'or : des Nymphes charmantes
s'empressent d'apporter les divers tributs de Flore, de Pomone et d'Amphitrite. C. l. 14 p., h. 11 p.

ROTTENHAMER.

92. — Le peintre Climaque, ayant choisi cinq des plus

belles filles d'Agrigente, à l'imitation de Zeuxis, lorsqu'il voulut représenter une Junon, les fait poser devant lui, afin de réunir, dans un modèle accompli, tous les genres de beauté et de perfection que chacune d'elles lui présenterait dans l'inspection de ses formes, ainsi que l'explique une inscription latine, placée vers le haut du tableau, que nous regardons comme un des beaux ouvrages de ce maître. B. l. 19 p., h. 13 p.

PAR LE MÊME.

93. — Un Tableau représentant deux Femmes demi-nues au bord d'une nappe d'eau où elles se baignent à mi-jambe. Près de ces déesses, un bel adolescent est admis à contempler leurs grâces. Une décoration de la plus grande magnificence embellit encore ce séjour. Le peintre semble y avoir épuisé tout le luxe des bosquets. Il serait difficile de décrire les nombreux accessoires qu'il a prodigués dans cette singulière composition. B. l. 27 p., h. 19 p.

THOMAS WICK.

94. — La Vue d'un Marché sur une place, au pied d'un monument d'architecture. On remarque, à gauche, une Marchande de légumes et de fruits, assise près d'un fourneau allumé ; une Femme, dans un costume élégant, semble la remarquer en passant. Un peu plus loin un Marchand d'orviétan, entouré de quelques auditeurs, pérore, une fiole à la main. Du côté opposé, on distingue un rémouleur au-devant de l'échoppe d'une autre marchande ; enfin, sur le premier plan, on remarque un personnage à manteau rouge, appuyé contre un tonneau. Tableau capital et du plus beau faire du maître. B. l. 23 p., h. 20 p.

STEEN (Jean) Signé.

95. — *Une Foire de village.* Au-devant d'une rangée de maisons, de nombreux Villageois se livrent à divers amusemens; les uns sont à table, d'autres conversent ensemble ou offrent différentes scènes de la plus grande vérité : ici, un ami de la bouteille, qui a bu plus que raison, est étendu par terre ; là,

ce septuagénaire, appuyé sur sa béquille, fait effort, en dé-
pit de ses vieux ans, pour courir vers des groupes d'auditeurs
qui se pressent autour d'un Empirique; plus loin, un autre
Marchand d'orviétan distribue ses drogues à la foule qui l'en-
vironne. Rien de plus animé que ce sujet par la variété et le
nombre de figures distribuées sur les différens plans jusqu'à
l'extrémité du paysage. L. 4a p., h. 27 p.

MOLNAEFT.

96 — Un Intérieur rustique, où se trouve réunie une société
joyeuse qui s'amuse au jeu de la *main chaude*. Au milieu de la
scène, l'acteur principal a la tête appuyée sur les genoux d'une
femme assise, qui donne le signal à une jeune fille que le drôle
guette du coin de l'œil, tandis que celle-ci s'apprête, d'une
main qui n'est pas morte, à appliquer un coup vigoureux sur
celle du patient. L'expression variée de l'attente se peint sur
la figure des spectateurs. Ce tableau capital et d'une belle couleur, est un des plus beaux du maître. B. l. 36 p., h. 27 p.

PAR LE MÊME.

97 — Un charmant Paysage, d'un effet piquant, baigné par
une rivière; la gauche offre une masse d'arbres, et la droite
des fabriques. Quelques barques et nombre de jolies figures
meublent cette composition. B. l. 15 p., h. 12 p.

VANDER HELST.

98 — Le Portrait de cet artiste, peint par lui-même, vu à
mi-corps et de trois quarts, la tête nue, et vêtu de noir. Il
tient ses deux mains appuyées sur ses hanches. Ce Tableau bien
peint et conservé sera sans doute apprécié. T. h. 29 p., l. 22.

CUYP. (Albert)

99 — Le point de vue d'une mer agitée par un vent frais,
dans une rade d'une vaste étendue; elle est couverte de barques
et de divers bâtimens. A droite, sur le troisième plan, on distingue un vaisseau de ligne, couvert d'un grand nombre d'hommes de l'équipage. Sur le premier plan, du côté opposé, une

jetée entourée de digues et surmontée de mâts et de figures, se détache en vigueur sur des eaux bien variées de mouvemens, et qui reflètent admirablement le ton argentin d'un ciel vaporeux et couvert de nuages transparens. L. 30 p., h. 25 p.

ATTRIBUÉ AU MEME.

100 — Un Paysage avec figures: sur le premier plan, à droite, un Voyageur à cheval, vu par le dos, s'est arrêté devant une habitation : près de lui, un homme et une femme sont debout: un peu plus loin, on voit quelques bestiaux; du côté opposé, une femme et un enfant assis au bord d'une rivière sur laquelle on aperçoit, dans le lointain, un bac qui passe des voyageurs. B. l. 20 p., h. 26 p.

HOBÉMA (attribué à).

101. — La Vue d'un Canal de la Hollande, qui traverse le devant d'un Paysage : le bord opposé est orné d'une rangée d'arbres, qui portent une demi-teinte sur les eaux, et produisent un effet piquant avec la partie éclairée d'un mur auquel sont adossées quelques boutiques de marchands de foire. À droite, un clocher d'église s'élève au-dessus de beaux groupes d'arbres. Ce Tableau offre un ton vigoureux, et une savante distribution de la lumière. B. l. 25 p., h. 20 p.

CORNEILLE BÉGA.

101 *bis.* — Un Intérieur, où l'on voit des gens qui chantent et se divertissent dans différentes attitudes : composition de sept figures, largement exécutées. T. l. 22 p., h. 17 p.

GRIFF.

102. — Une Chasse aux Canards sauvages dans un Paysage. Cet habile peintre d'animaux a représenté le sujet d'un Chasseur, entouré de beaux chiens de chasse au moment où son coup de fusil, qu'on voit partir, a déjà atteint le volatile qu'il vient d'ajuster. Diverses pièces de ces oiseaux aquatiques occupent le premier plan, les uns suspendus à un arbre, d'au-

tres étendus à terre. A gauche du tableau, sur le bord opposé d'un marais. on remarque un autre Chasseur avec ses chiens, faisant tomber l'amorce dans le bassinet. T. l. 23 p., h. 27 p.

HUTTENBURG.

103. — Un Combat de Cavalerie. Riche et savante composition, qu'on peut ranger à côté des premiers maîtres. Le devant est occupé par des groupes de Combattans qui se chargent avec fureur. Les mouvemens de leurs chevaux offrent une action, une énergie, et les poses les plus pittoresques. Du milieu de la mêlée s'élèvent des nuages de fumée où se réfléchissent les teintes brillantes d'un ciel chaud et vaporeux, avec lequel ils semblent se confondre. Toute cette composition du premier plan se détache en vigueur sur un lointain transparent et d'un effet magique, qui laisse entrevoir de nombreux corps de cavalerie traversant la plaine ; et plus loin, une ville, derrière laquelle s'élèvent de hautes montagnes, dont les sommets dorés terminent l'horizon. T. l. 31 p., h.   p.

GOYEN (Van).

104. — Une Foire de Village. Ce Tableau est enrichi d'un grand nombre de figures peintes avec cette touche légère et spirituelle qui distingue les beaux ouvrages de cet habile artiste. On voit à gauche de nombreux spectateurs rassemblés autour d'une scène burlesque représentée sur des tréteaux : le degré d'intérêt se lit dans leurs attitudes variés ; on en voit de grimpés jusque dans les arbres. Du côté opposé, des tentes dressées non loin de la paroisse, sont animées par une longue suite de figures : ouvrage rare, capital, et peut-être unique dans son genre. B. l. 23 p., h. 12 p.

GRIFIÉ (Le Chevalier).

105. — Un Paysage enrichi de Figures. Sur le devant, une femme à cheval, précédée d'un piqueur entouré d'une meute ; elle est suivie de plusieurs cavaliers. Une habitation rustique, environnée d'arbres, occupe la droite. Du côté opposé, divers bestiaux au bord d'une rivière ; plus loin, un château-fort ; et vers le milieu, un groupe d'arbres qui se

détache sur un vaste lointain, d'un ton blond et transparent; Tableau capital, et d'une précieuse exécution. B. l. 19 p., h. 16 q.

BRUGEL.

106. — Village de Hollande, vu pendant l'hiver, un jour de marché. Une quantité considérable de figures remplissent la place ; à gauche de la porte d'une auberge, les marchands règlent leurs comptes.

BREUGHEL (DE VELOURS).

107. — Deux Paysages d'une riche composition. Dans l'un, on voit à gauche un grand chemin ombragé par des arbres, et sur lequel sont distribuées nombre de figures ; du côté opposé, une rivière couverte de bateaux.

L'autre offre un site champêtre dont les premiers plans sont meublés de figures variées avec esprit. Trois beaux groupes d'arbres laissent apercevoir des habitations de village, qui terminent le paysage. B. l. 15 p., h. 12 p.

BRAKEMBURG.

108. Intérieur d'une maison hollandaise, où sont réunies un grand nombre de personnes de tout sexe et de tout âge, et qui se livrent au plaisir. La joie brille sur tous les visages ; les uns font l'amour, les autres chantent, boivent, jouent et fument. Composition charmante et digne de remarque, autant par la variété des groupes et des attitudes, que par la finesse d'exécution. T. h. 21, l. 26.

FERDINAND BOL.

109. — Une Femme espagnole, vue à mi-corps : l'une de ses mains, ornée de perles, est appuyée sur une tablette, et l'autre contre un mur. Tableau d'une touche ferme, large d'exécution, et d'une grande vigueur de coloris.
T. l. 24 p., h. 30 p.

DECKER.

110. — Vestiges d'un grand Fort en ruine, prises dans les fossés au pied des ramparts: une petite rivière passe sous le pont qui précède la porte, et se précipite en chute bouillonnante dans le fossé. A droite on aperçoit des bestiaux et plusieurs villageois; à gauche, dans le lointain, la campagne. Tableau d'un effet piquant, du coloris le plus vigoureux, et touché avec esprit et facilité. R. h. 30, l. 48 s.

MIEL (Jean)

111. — Un Tableau représentant des Cavaliers qui ont amené leurs chevaux autour d'un abrevoir. L'un d'eux, descendu de son cheval, veut retenir une jeune fille qui lui oppose de la résistance. Sur un plan éloigné, on voit arriver des maraudeurs. Un paysage, entrecoupé de monticules, se termine par de hautes montagnes à l'horizon. Production capitale du plus beau faire, et du plus beau temps du maître. T. l. 30 p.; h. 24. p.

OMMÉGANK.

113 — Nous offrons aux amateurs des ouvrages d'un artiste, dont la réputation est devenue européenne, un paysage à l'effet d'un soleil couchant. On voit sur le devant, une femme sur son âne, chassant devant elle quelques bestiaux, vaches, chèvres et moutons. Plus loin, derrière elle, un pâtre conduit du bétail au bord d'une rivière. Le côté droit présente de belles masses de roches couronnées de broussailles, qui forment opposition sur un ciel chaud et parfaitement en harmonie avec les lointains et coteaux, qui terminent le point de vue. Ce charmant échantillon d'un habile paysagiste, peut occuper un rang distingué dans les plus belles collections. B. l. 14 p., h. 11 p.

DEHEEM (David).

114 — Sur une table de marbre, en partie recouverte d'un tapis, sont grouppés avec art, une conque garnie en argent,

des fruits dans un plat, un couteau, un verre et des grappes de raisins.

Composition d'une couleur vigoureuse, et nature rendue avec beaucoup de vérité. D. l. 22 p., h. 18 p.

PAR LE MÊME.

116—Deux tableaux faisant pendant ; l'un représente une table couverte le différentes espèces de fruits, tels que pêches, poires, prunes, raisins, dans des assiètes ; sur le second plan, une patère à pied, contenant des abricots et des cerises.

L'autre, des citrons grouppés avec des raisins et des roses, et autres détails qui sont de la plus grande vérité. Ces deux morceaux seraient bons à placer dans une salle à manger. B. l. 21 p., h. 16 p.

VAN-KESSEL.

116— Vase orné de guirlandes de fleurs, au milieu duquel est représenté, dans un médaillon, saint-François à genoux dans un rocher, devant une tête de mort. Les fleurs sont rendues avec la plus grande vérité et l'on y remarque une foule de papillons et de petits insectes, peints avec ce soin et cette finesse de touche, qui caractérisent les ouvrages de cet artiste. T. h. 24 p., l. 18 p.

BOTH d'Italie (attribué à)

117—Paysage. A gauche, un ruisseau coule et tombe en cascade au milieu des rochers, surmontés de hauts arbres, à droite, un chemin serpente au milieu de coteaux, on y voit plusieurs voyageurs et de pâtres, conduisant des bestiaux ; un peu plus loin, est une fabrique antique en ruine.

VAN TULDEN.

118.—Le triomphe d'Amphitrite : elle est portée sur l'eau par des Tritons, et s'avance escortée des Nayades et des dieux de la mer ; vers la droite, on aperçoit Neptune armé de son trident, conduit dans un char par des chevaux marins ; des amours, portant des flambeaux, sont répandus dans les airs.

PAR LE MÊME.

Le pendant, représentant le Triomphe de Vénus sur les eaux, composition aussi riche et aussi aimable que le précédent Tableau. T. l. 90 p., h. 60 p.

HOET. (GÉRARD).

119 — La Vision de Jacob. Sur le devant du tableau, on voit le jeune pasteur endormi, la tête appuyée sur ses bras croisés. Au milieu du paysage, on aperçoit l'échelle mystérieuse, environnée de nuages lumineux qui descendent depuis le ciel jusqu'à la terre, et trois anges montant, à la suite l'un de l'autre, vers la demeure céleste. T. l. 22 p., h. 18 p.

VAN BERG.

120. — Deux vaches et quelques moutons dans un paysage ; sur le devant, une Femme tient un enfant dans ses bras. T. h. 13 p., l. 15.

FALENS (VAN).

121. — Un Marché aux chevaux ; belle composition dans le goût de Wouvermans : elle offre un grand nombre de figures bien distribuées sur différens plans. On remarque, au milieu du tableau, un Piqueur faisant manœuvrer son cheval en présence d'un Écuyer, accompagné de deux hommes, tandis que, sur le devant, un Palefrenier soigne deux chevaux bien modelés. Le ton général de ce tableau est parfaitement en harmonie avec un ciel frais et transparent. L. 30 p., h. 24 p.

ATTRIBUÉ AU MÊME.

122. — Retour de chasse ; sur les premiers plans, des Palefreniers débrident les chevaux ; sur la droite, un mulet est chargé de gibier ; près de lui est un cerf mort ; à gauche un

paon, perché sur un piédestal, déploie la richesse de sa queue. Les fonds sont ornés de jolies petites figures. T. h. 32 p., l. 42 p.

LEMAY.

123. — Un Paysage où l'on voit, à droite, une habitation rustique à l'entrée d'une forêt : sur le devant, un Homme et une Femme conversent en marchant. L'extrémité du premier plan est baignée par une rivière ; sur la rive opposée, deux habitations environnées d'arbres qui se détachent sur un coteau lointain, couvert de bois : touche légère dans le feuillé, ton chaud et harmonieux. T. l. 22 p., h. 18 p.

MOMERS.

124. — Au devant d'une Fabrique, on voit deux Femmes, dont l'une assise, un panier sur les genoux, fait un marché avec celle qui est debout ; elles fixent l'attention de deux Villageois, dont l'un se repose auprès de sa monture, et l'autre porte un panier à son bras. Un paysage, éclairé par un beau ciel, termine ce tableau d'une bonne couleur. B. l. 20 p., h. 23 p.

JANSSENS.

125. — La Mort d'Adonis. Vénus descendue de son char, soutient le corps expirant du jeune chasseur qu'elle aime, blessé à mort par un sanglier. Près d'elle, l'Amour debout, partage l'affliction de sa mère. B. l. 19 p., h. 15 p.

ANDRIESSENS.

126. — Ce Tableau, de nature morte, offre divers objets rendus avec une étonnante vérité ; entre autres, une tête de mort d'un précieux fini d'exécution, et d'un effet savant d'ombre et de lumière. T. l. 15 p., h. 17 p.

VANDERDOUCE.

127. — Sur le devant d'un Paysage, dont le fond indique

la proximité d'un bois, on voit, au pied d'un grand arbre, trois béliers et deux moutons, dont l'un paraît être un agneau qu'un homme dur enlève à sa mère. T. l. 13. p., h. 16 p.

MICHAU.

128. — Au milieu d'un site champêtre, environné de bois et de quelques habitations rustiques, on voit des Moissonneurs, dont les travaux divers donnent l'aspect du mouvement et de la vie à ce paysage : les uns font la moisson ; déjà un charriot attelé va transporter dans la grange les produits de la récolte : les autres prennent leur repas sur l'herbe, tandis qu'à l'opposite, des bestiaux se désaltèrent au bord d'une mare, où l'on voit nager des canards. Cette composition, pleine de vérité, offre l'image du bonheur paisible de la vie champêtre. T. l. 30 p., h. 21 p.

HONTORSE.

129. — Une Diseuse de bonne-aventure, composition de trois figures. T. l. 41 p., h. 33 p.

DE JONGHZ (DE TOURNAY).

130. — Un Paysage d'un site agréable, offrant une marche d'animaux, conduits par une villageoise sur un chemin qui passe devant une chaumière. Vers le milieu, par-delà un champ de blé, on voit s'élever un coteau couronné de bois, sur lesquels se détache une maison de plaisance. Des prairies environnées de bois et de coteaux, sont vues dans le lointain, à l'effet d'un soleil couchant. B. l, 18 p., 8. 13 p.

RYKAERT.

131. — Un Vieillard tient un pot de bierre d'une main, et de l'autre caresse une femme âgée, qui allume une pipe. Dans l'enfoncement on aperçoit une réunion de cinq personnes autour d'une table. B. l. 17 p., h. 13 p.

SOLMAKER.

132. — Des Voyageurs à cheval, arrêtés devant la porte d'un hôtellerie, prennent le coup de l'étrier, que leur a servi une grosse servante, avec laquelle ils babillent: dans le fond, on aperçoit, sous des voûtes en ruine, des mulets chargés, près à partir. B. l. 17 p., h. 13 p.

BOUT et BOUDEWINS.

133. — Deux précieux Paysages : l'un offre, sur le premier plan, une Marche d'animaux, et quelques figures touchées avec esprit, et bien distribuées. Deux belles masses d'arbres, de chaque côté, se détachent sur un ciel clair et légèrement nuagé.

L'autre représente un site ombragé par des arbres qui occupent différens plans traversés par des sentiers, où l'on voit, sur le devant, des Villageois conduisant une génisse, et à quelque distance, trois Cavaliers qui débouchent d'un chemin resserré : ces figures sont touchées avec finesse. B. l. 15 p., h. 9 p.

PAR LES MÊMES.

134. — La Vue d'un port que domine une citadelle flanquée de grosses tours, auxquelles sont adossés plusieurs monumens d'architecture: sur le devant on remarque nombre de figures bien distribuées. T. l. 21 p., h. 15 p.

STORC.

135. — Le Point de vue d'un port de rivière de la Hollande : on remarque, sur le devant, de petites barques ornées de figures, et un grand nombre de bâtimens rangés autour du port. Le second plan, à droite, est couvert de maisons, et en avant, s'élève une tour d'une belle architecture. B. l. 14 p., h. 12,

VANDERMEER DE JONGUE.

136. — Un Paysage d'un site montagneux : on voit au

milieu une rivière dont le cours sinueux est parsemé d'îles : sur le devant, on remarque des Villageois conduisant quelques bestiaux ; et plus loin, sur la droite, un Berger gardant ses moutons à l'ombre de grands arbres. Ce Tableau est d'un ton chaud et transparent. T. l. 23 p., h. 17 p.

JACOB DE HEUS.

137. — Un petit Paysage : le milieu est occupé par une Tour, devant laquelle on remarque un Pont au-dessus d'une rivière qui traverse le tableau, dont le fond se termine par une montagne escarpée, au pied de laquelle passe un chemin. Touche fine et harmonieuse. C. l. 8 p., h. 6 p.

ASSELIN.

138. — Un Port de mer, style de Claude Lorrain, où l'on voit une tour et diverses fortifications qui s'élèvent sur de hautes falaises. B. l. 13 p., h. 9 p.

LE DUC.

139. — Intérieur de Corps-de-Garde, dans lequel on voit une femme fumant sa pipe. B. h. 14 p., l. 18 p.

HUYSMANS DE MALINES.

140. — Diane surprise au bain par Actéon ; elle est entourée de ses Nymphes, qui tâchent de voiler les appas de la Déesse, exposée à des regards indiscrets, tandis que celle-ci, en courroux, va punir le malencontreux chasseur. Touche ferme, coloris vigoureux. T. h. 18 p., l. 22 p.

ROGUEMANS.

141. — Paysage dont la plus grande partie est occupée par une petite futaie, plantée sur un tertre au pied d'un coteau qui le domine, et d'où l'on découvre une vaste étendue de plaine : sur le devant, on voit plusieurs figures dans diverses attitudes. T. h. 86 p., l. 48 p.

PALAMEDES.

142. — Intérieur d'une Chambre, où sont réunis plusieurs personnages ; sur le devant, une femme assise, un livre à la main, à côté d'un jeune seigneur, paraît s'entretenir avec lui sur le sujet de sa lecture : composition de huit figures. B. h. 18 p., l. 24 p.

FOUQUIERE.

143. — Paysage, dont les premiers plans sont ombragés d'arbres et ornés de quelques figures : dans le lointain, une vaste prairie traversée par une rivière, et bordée de côteaux. T. h. 18 p., l. 26 p.

CALF.

144. — Intérieur d'une Maison de pauvres Villageois : à droite une femme vide une cuve pleine de différents légumes ; plus loin une autre fille ; et dans le fond on aperçoit, par une ouverture, une jeune fille qui puise de l'eau. T. h. 20 p., l. 17 p.

VAN BLŒMEN.

145. — Des Vaches et un Ane, conduits par une Femme qui porte un enfant à son cou. B. h. 7, l. 9.

PIETRE DE BLANT.

146. — Des Mendiants à la porte d'un couvent, reçoivent l'aumône. Tableau piquant et plein de goût. B. l. 9, h. 9.

MAAS.

147. — L'entrée d'une Ville, où l'on voit, à droite, un arc de triomphe, et sur le premier plan, des figures et divers attelages de chevaux. T. l. 19, h. 17.

ZÉEMAN.

148. — Une Marine vue en temps d'hiver ; un grand nom-

bre de patineurs s'amusent sur la glace ; on remarque surtout une femme qui, dans sa chute, a pris une posture fort risible. A gauche, plusieurs barques amarrées au rivage attendent le dégel. T. h. 11, l. 18.

REGMORTE. (d'Anvers)

149. — Une petite Masure rustique environnée de vergers, devant laquelle passe un chemin ; à gauche, un villageois assis garde ses bestiaux. T. h. 12, l. 18.

EMSKERQUE.

150. — Une Femme montée sur un baquet, et coiffée d'un chapeau pointu, les mains jointes sur sa poitrine, semble pérorer au milieu d'une assemblée d'hommes et de femmes. B. h. 9, l. 7.

PAR LE MÊME.

151. — Deux intérieurs de Tabagie remplis de fumeurs, chanteurs et buveurs, dont les mines bachiques respire la joie et le plaisir. B. h. 11, l. 11.

FRANCK (François).

152. — La fête des Gondoles à Venise. Le grand Canal est couvert de barques élégamment ornées ; sur le devant, un grand nombre de personnages de distinction prennent plaisir à ce spectacle nautique. Dans le fond on aperçoit la place Saint-Marc. B. h. 19, l. 38.

FRANCK.

153. — Le jeune St Jean conduit par sa mère, visite l'enfant Jésus et la Ste Vierge ; près d'eux, à droite, on voit Ste Catherine et Ste Agnès ; de l'autre côté, deux Anges. C. h. 12, l. 11.

FYT, (Jean)

154. — Deux Tableaux de nature morte, faisant pendant

l'un et l'autre, offrant du gibier de toutes les espèces, gardés par des chiens; on y remarque encore divers instrumens de chasse; on ne peut rien trouver de plus riche ni de mieux traité dans ce genre de peinture. T. h. 5o p., l. 36 p.

FLINK. (VANVER).

155. — Un Buste de femme, vue de profil, la tête inclinée dans l'attitude d'une personne qui fait de profondes réflexions. Tableau bien peint, et d'une couleur admirable. B. l. 72 p., h. 17 p.

VAN-LINT.

156. — Une belle et agréable composition, représentant le sujet d'Achille à la cour Lycomède : tableau d'une jolie couleur, plein de charme et d'agrément. T. l. 72 p., h. 6o p.

ÉCOLE FRANÇAISE.

POUSSIN. (NICOLAS)

157. — Grand Paysage d'un site solitaire et pittoresque. Au bord d'une rivière, dont les ondes tranquilles et transparentes occupent le milieu du tableau, on voit Saint-Paul assis sur des vestiges d'anciens monumens. Inspiré par le spectacle de la nature qui étale à ses yeux toute sa magnificence, il semble tracer sur son livre ouvert le sujet élevé de ses méditations. A gauche, une masse de rochers, enveloppés d'une ombre mystérieuse, se détache en vigueur sur des plans éloignés, entrecoupés de roches, et couverts des ruines d'anciennes fortifications; du milieu, s'élève une tour d'un bel effet d'opposition sur un ciel couvert de nuages légers, et pleins de lumière. T. l. 48 p., h. 37 p.

BOURDON. (Sébastien.)

158. — Les Vices de la Luxure et de l'Ivresse, représentés sous une ingénieuse allégorie. Bacchus vient de descendre de son char, traîné par des lynx; un enfant lui présente une coupe, mais il est déjà dans un état d'ivresse, appuyé contre son char, vis-à-vis la statue de Priape, et devant son autel, sur lequel brûle l'encens des sacrifices impurs auxquels il est consacré. Sur le devant du tableau, à gauche, l'aspect d'une Bacchante couchée, représente l'état abject de ceux qui se livrent à ces vices, dont l'emblème apparaît, du côté opposé, sous la forme d'un horrible dragon qui met en fuite les Amours effrayés. T. l. 30 p., h. 20 p.

PAR LE MÊME.

159. — Hercule terrasse Cacus, fameux brigand, pour lui avoir volé des bœufs. Ce tableau, plein de force et de poésie, est de la plus belle manière du Bourdon. T. l. 81, 6. 70 p.

STELLA.

160. — Composition mystique. Sur le premier plan est représentée la Sainte Vierge assise, tenant un livre à sa main; vis-à-vis d'elle Saint Joseph, également assis, tient d'une main une branche de lis, et de l'autre semble indiquer la scène qui occupe le fond du tableau. On y voit, sur une élévation ombragée d'arbres, N. S., encore jeune, à genoux, les bras étendus; les cieux sont ouverts devant lui, et les Anges l'environnent.

FRANCISQUE.

161. — Un Paysage, site agreste et sauvage; vers le milieu, on aperçoit un petit fort, construit sur la cime d'un petit coteau; sur les premiers plans, une femme lave du linge au bord d'une rivière; une autre converse avec elle. T. l. 3 p, h. 24.

DE LA HIRE.

162. -- Plafond de forme octogone, représentant l'Automne et le Printemps, sous la figure de deux femmes, dont l'une tient une branche de fruits, et l'autre une corne d'abondance; à leurs pieds sont groupés les attributs de la chasse. Des Amours s'élèvent dans les airs, portés sur des guirlandes de fleurs.

PAR LE MÊME.

163. -- *Saint Jean dans le desert.* Assis au bord d'un ruisseau, il reçoit dans une coquille l'eau d'une source qui tombe d'un rocher; près de lui est un mouton. Cette figure, d'une touche moelleuse, se détache avec effet sur un ciel nuagé et mystérieux. B. l. 17 p., h. 23 p.

ALGRIN.

164. -- Paysage dans le style héroïque. Les premiers plans sont ombragés de grands arbres, et ornés de jolies figures de Femmes dans le costume italien; à la gauche on remarque une riche hôtellerie; les lointains offrent une riche vallée, arrosée par une petite rivière, et bordée de coteaux pittoresques. Composition heureusement conçue, d'un beau coloris, et faite avec cette fermeté et cette franchise de pinceau qui distingue cet artiste. T. h. 36, l. 48 l.

PUGET.

165. -- L'Adoration des Rois, Tableau de forme ovale : sur le premier plan, la Sainte Vierge est assise, tenant l'Enfant-Jésus sur ses gènoux, elle le présente à l'adoration des Mages qui, prosternés, lui offrent leurs présens ; une nombreuse suite les escorte. On aperçoit, dans le haut, l'Étoile miraculeuse et des groupes d'Anges.

LE SUEUR (attribué à).

166. -- Artemise au tombeau de son époux : sujet tiré de

l'histoire grecque ; composition de neuf figures groupées auprès d'un monument d'une riche structure, dans un paysage enrichi d'arbres.

MIGNARD.

167. — Un Empereur romain fait emmener en sa présence Saint Cirgue et Sainte Julie, et ordonne à des bourreaux leurs supplices. Cette grande composition nous rappelle les ouvrages du Dominiquin ; que Mignard avait étudiés dans sa jeunesse. T. l. 96 p. , h. 70 p.

COURTOIS.

168. — Un précieux Paysage dans le style de Claude Lorrain. Au pied d'un monticule couvert de broussailles, et d'où s'élève un arbre d'un grand effet, on remarque, à droite, un Asiatique adressant la parole à un jeune Garçon, qu'il rencontre. A l'extrémité du dernier plan, on aperçoit une ville près d'une rivière, qui baigne de hautes montagnes à l'horizon. C. l. 15 p. , h. 11 p.

DESPORTES.

169. — Un Vase contenant des fleurs , posé sur un piédestal couvert d'un tapis de velours rouge ; tableau cintré du haut. T. h. 84 p. , l. 50 p.

CLAUDE GELÉE (Ecole de).

170. — Un Port de mer , pris au moment du soleil couchant, offrant de beaux et nombreux détails. T. l. 17 p. , h. 14.

BOURGUIGNON.

171. — Deux Tableaux faisant pendant : l'un représente un fort assiégé ; les premiers plans sont couverts d'une nombreuse cavalerie ; l'autre représente une armée qui se prépare à donner une bataille. Tableaux savans et pleins d'enthousiasme. T. l. 40 , h. 30.

BAPTISTE.

172. — Un Vase et une Corbeille contenant des fleurs d'un faire large et d'une belle couleur. T. h. 33, l. 26.

J. CALLOT.

173. — Deux Tableaux très-capitaux de ce maître et de la plus belle conservation. Ils représentent le pillage des églises chrétiennes et les massacres par les protestans pendant la guerre de la Ligue. Ces sujets, riches de détails et de couleur, offrent, dans chaque tableau, plus de soixante figures pleines d'action et de vérité, et précieuses sous le rapport du costume. Ces tableaux sont fort rares, et il en existe peu de la beauté de ceux-ci. Callot les a gravés lui-même avec des différences dans la Suite appelée les Misères de la guerre. T. l. 15, h. 12.

CANALETTI.

173 bis. — Deux Marines.

LE MOYNE.

174. — Adam et Eve dans le Paradis-Terrestre. Séduite par le serpent, dont l'arbre de vie laisse apercevoir la tête sous une forme humaine, la Femme présente au premier Homme le fruit défendu qu'elle vient de cueillir; un lion et autres animaux reposent à leurs pieds. Tableau soigné, l'un des plus beaux du maître, et qui lui a valu sa réception à l'Académie. C. l 24 p., h. 18 p.

BLANCHARD.

174 bis. — Un charmant Tableau, composition pleine de grâce et de naïveté, représentant une charité humaine. T. l. 47, h. 35.

BOESSIEU. (DE LYON)

175. — Nous nous dispenserons de faire l'éloge d'un homme

connu de toute l'Europe. Nous offrons aux amateurs des ouvrages de ce grand artiste, une étude admirable d'une tête de
bœuf, et nous osons avancer que les Berghem, Carel Du-
jardin, ni même Paul Poter, n'ont rien produit de plus beau.
B. l. 6, h. 8.

M. REGNAULT.

176. — *L'éducation d'Achille par le Centaure Chiron.* Nous
sommes heureux de pouvoir offrir dans notre exposition, ce
tableau de la même main à laquelle nous devons celui qui fait
partie de la collection du Luxembourg, dans la galerie des
peintres modernes, où il tient un rang distingué : celui-ci en
est la première idée, mais exécuté avec un soin et une finesse
admirable. Cet habile peintre a représenté le jeune héros
nu, dans l'action de tendre son arc. Un lion terrassé, à droite,
atteste sa première victoire. Sa pose est fière, les belles lignes
de son corps, sont d'un grand dessin : la fleur de la jeunesse
brille de tout son éclat dans l'élégante structure de ses mem-
bres. La mâle fierté de ses traits, annonce déjà le héros qui
doit couvrir l'armée des Grecs de toute sa gloire. Ce tableau
enleva tous les suffrages, lors de son exposition au salon. T.
h. 27 p., l. 20.

DROLLING.

177. — Un intérieur où l'on voit une femme écurant une
chaudière, près d'elle, un jeune garçon s'amusant avec un
cerceau, et dans le fond à droite, une autre femme vue par
le dos, sortant par une porte. T. l. 15 p., h. 9 p.

LOUTERBOURG.

178. — Paysage arrosé d'une rivière, et orné de figures de
pêcheurs. T. h. 12 p., l. 18 p.

LANTARA

Enfin, l'injustice, ou plutôt l'ignorance, ont cédé à la
puissance du temps et aux progrès des connaissances des beaux
arts. Le bon Lantara, que l'on pourrait appeler le Lafon-
taine de la peinture, occupe, depuis la vente saint-Victor,

un rang distingu parmi les premiers paysagistes des écoles modernes. Cet élève de la nature nous a laissé, dans le tableau que nous allons décrire, une preuve d'un mérite supérieur, capable de convaincre complétement l'ignorante incrédulité; et si les portes du Louvre lui sont encore refusées, ce n'est pas à la honte de sa mémoire, mais bien à celle de ceux qui s'obstinent à les lui refuser.

179.—Un précieux paysage, d'un site pittoresque : on voit à gauche, la chute d'un torrent dont les ondes jaillissent en écume sur des roches escarpées, et bientôt, s'étendant en nappes d'eau, forment ensuite un courant. De jolies figures de baigneuses, peintes par Demarne, se détachent sur l'ombre mystérieuse du côté opposé de la rivière : cette ombre est l'effet de l'opposition d'un terrain très-élevé du second plan : sa surface reçoit les accidens de lumière d'un soleil couchant dont les rayons semblent se jouer à travers un troupeau de moutons qui l'occupe. Derrière ce tertre, s'étend une rivière, dont l'eau calme reflète la lumière bien graduée d'un ciel chaud et harmonieux. B. l. 15 p., h. 12 p.

M. TAUNAY,

Les véritables amis des arts applaudissent avec transport au retour d'un grand artiste que la France croyait avoir perdu pour toujours. M. Taunay, membre de l'Institut, en désertant les terres sauvages du Brésil, a voulu terminer sa glorieuse carrière où il l'a commencée, au sein de sa patrie, qu'il enrichit encore tous les jours de ses savants et aimables ouvrages. Le tableau que nous allons décrire est digne de la haute réputation de l'auteur.

180.—Une Halte dans un paysage, à l'effet d'un soleil couchant: des gens de guerre occupent le milieu du tableau : sur le devant, l'un d'eux s'est endormi; un peu au-dessus, on remarque un militaire assis sur l'herbe, à côté d'une vivandière; celle-ci lui présente un canard qu'elle veut lui vendre. D'autres, au pied d'un grand arbre, font bouillir la marmite. Plus loin, des soldats arrivent sur le côté droit; les premiers en tête de la file, s'élancent vers une source qui jaillit d'un rocher; on les voit qui tendent leurs schakos pour s'y désaltérer. Sur les derniers plans on aperçoit des fortifications au bord d'une rivière lointaine. Tout est plein de vérité et d'es-

prit dans les détails qui animent cette composition déjà remarquable par une touche fine et moelleuse, et une entente
parfaite des beaux effets. T. l. 22. p., h. 16 p.

DEMARNE.

181. — Les pinceaux savans et laborieux de M. Demarne,
dont la réputation est justement européenne, n'ont rien produit de plus beau, de plus enchanteur et de plus champêtre
que le tableau que nous allons décrire; il représente un dé-
licieux paysage, enrichi de figures et d'animaux. A gauche du
tableau, on remarque, sous de grands arbres, deux jeunes Filles dont l'une, les deux mains fermées, propose *le pair ou non*
à un Villageois appuyé d'une main sur son bâton, tandis
que de l'autre il désigne le choix qui doit décider du pari :
sa compagne, dans l'attente du sort incertain, a suspendu le
travail de ses mains ; un peu plus loin, une jolie Villageoise,
dans l'action de traire une chèvre, est attentive à cette scène,
qu'elle considère avec l'expression du sourire. Un groupe remarquable d'animaux occupe le milieu de cette composition,
dont les premiers plans offrent d'autres animaux de diverses
espèces. Le côté droit laisse apercevoir, dans un brillant lointain, une vue de mer. La perspective aérienne joint ses illu-
sions à celles d'un ciel admirable, sur lequel se détachent de
belles masses d'arbres d'un beau feuillé, et dont les détails se
fondent avec les différens plans. T. l. 20 p., h. 17 p.

PAR LE MÊME.

182. — Une jolie Villageoise, assise sur le gazon, file en
gardant ses vaches ; près d'elle est une chèvre blanche, qu'elle
caresse ; et de l'autre côté, un chien, son compagnon fidèle.

PAR LE MÊME.

183. — Une Femme, portant un panier d'œufs, relève ses
jupons pour passer un gué ; son chien la suit en sautant, et
elle chasse devant elle deux vaches et une petite chèvre. Ces
deux tableaux sont deux jolis échantillons de ce maître. T. h.
5. l. 9.

BOILLY.

Depuis que M. Boilly s'est livré principalement au portrait, ses tableaux sont devenus rares. Néanmoins nous osons espérer que les amateurs n'auront pas oublié les ouvrages de cet aimable artiste, et qu'ils accueilleront ceux que nous allons leur offrir, avec le même intérêt qu'ils leur ont toujours porté.

184.—*Ie Bonheur du ménage.* Une jeune Femme, de la physionomie la plus aimable, prête d'accoucher, est assise dans un fauteuil; elle est en déshabillé du matin, et regarde avec amour l'époux qui l'a rendue mère, et qui, près d'elle, un bras passé autour de son cou, pose la main sur le cœur de son amie, et l'assure de son constant amour. Le désordre du fichu indique que de tendres caresses ont préludé à ce doux épanchement; vis-à-vis d'eux, le fidèle Azor regarde ses bons maîtres, et semble prendre part à leur contentement. Près de là, sur une table, on remarque du linge, des livres, une boîte à ouvrage. Le travail et l'amour partagent seuls les momens de ces époux, qui sont encore amans. Charmante composition, dont la grâce, le coloris et le fini de l'exécution font une des productions les plus remarquables de l'artiste. T. h. 20 p., l. 15 p.

PAR LE MÊME.

185— Deux Paysages faisant pendant, dont le site est pris en Italie. Des coteaux, de riches fabriques, des lointains variés composent ces paysages ornés. Sur les premiers plans, de jolies figures, dont l'action, prise dans les mœurs du pays, anime le sujet d'une manière intéressante. Dans l'une, on voit, à gauche, un Ermite qui fait baiser un scapulaire à une petite fille; le père et la mère près d'elle, semblent remercier le saint homme de cette faveur. Dans l'autre, à droite, deux jolies Villageoises, dont une tient un enfant à son cou et l'autre par la main, causent avec des voyageurs assis sur des pierres au bord du chemin. T. l. 15 p., h. 12 p.

M. BRUN.

186. —- Intérieur d'un Spectacle de foire. Dans un village,

le public est appelé à la porte par un Arlequin, un Gille et un Cassandre, jouant la parade à la porte, montés sur des tréteaux ; à gauche une femme reçoit l'argent ; à droite, un acteur, en costume de théâtre, annonce qu'on va commencer. Déjà les premières places sont envahies, et l'on allume les lampions. Jolie composition, rendue avec vérité.

PAR LE MÊME.

187. — Sujet tiré de la Fable. Une Femme que nous croyons être Psyché, s'approche d'un lit un poignard à la main. A droite, l'Amour s'enveloppe d'un nuage. T. h. 26 p., l. 20. p.

LE MÊME.

188. — Une jeune Femme, légèrement vêtue de blanc, est assise sur des rochers au bord d'un rivage, et joue d'un instrument à cordes ; un voile noir ombrage sa tête, et flotte au gré du vent. T. l. 26 p., h. 20 p.

M. BERTHIER.

189. — Le Jugement de Pâris. Les trois Déesses rivales, dépouillant toute fierté, consentent à paraître nues devant le berger Pâris, qui doit être juge de leurs charmes, et décerner la fatale Pomme pour prix de la beauté : en vain Pallas et Junon ont épuisé toutes les ressources de la coquetterie ; Vénus triomphe, elle a ôté sa ceinture.

PAR LE MÊME.

190. — Le pendant du précédent, Vénus au bain : elle est caressée par l'Amour : près d'elle s'ébattent deux tourtereaux ; dans le fond, les Nymphes, les Grâces, les Jeux et les Ris, forment des danses au son de la lyre et du tambour. Ces deux tableaux, pleins de charme et de poésie, font honneur aux talents de M. Berthier. T. l. 40 p., h. 32 p.

BERTHIER.

191. — Deux jolies copies d'après Annibal Carache, l'une

représentant la Toilette de Vénus , et l'autre la Grossesse de Calysto. T. l. 27 p. , h. 22 p.

M. BRUN.

192. — Deux jolies Compositions champêtres : dans l'une, un Villageois, à genoux, présente une rose à sa maîtresse ; il l'assure qu'elle est aussi fraîche que la fleur, et lui promet que son amour sera plus durable. Dans l'autre, notre amant, devenu soldat, revient fidèle auprès de son amie, après avoir moissonné des lauriers. T. h. 14 p. , l. 11 p.

M. SWEBACH fils.

193. — On voit deux Hussards , descendus de cheval, à la porte d'une hôtellerie ; un de leurs camarades amène devant eux un Paysan, qu'il vient d'arrêter, et qui pourrait bien être un espion. T. l. 15 p. , h. 12 p.

SUBLEYRAS.

194. — Un Homme, près d'une table chargée de fruits, paraît se rafraîchir et se reposer des fatigues de la chasse ; une jeune Femme s'approche de lui : il a saisi sa main et la regarde tendrement ; mais elle semble inquiète et vouloir s'échapper. Sur le premier plan, le peintre a placé un chien et un chat , fidèles commensaux de la maison.

PAR LE MÊME.

195. — Le pendant du précédent. Une jeune Fille, amenée par sa mère près d'un saint Ermite. Celui-ci , à genoux, interrompt sa prière, et répond aux deux femmes. Ces deux Tableaux sont d'une belle couleur et d'un effet piquant.

SABLET.

196. — L'Intérieur du parc de Mousseaux , dans lequel on voit l'auteur, accompagné d'un élève, dessiner une masse, d'arbres. Du côté opposé, une jeune Personne dessine égale-

ment, d'après le Lantin antique. Divers autres personnages connus se promènent dans ce lieu enchanteur. B. h. 19, l. 23.

SALEMON.

197. — Six Tableaux, sujets de paysage, et figures d'animaux.

Article omis.

DEL PIOMBO (Ecole de).

198. — Le Christ mort, pleuré par la Vierge, la Madelaine et autres personnages. Tableau d'un beau et grand caractère. T. l. 72 p., h. 60 p.

PELEGRINI (attribué à).

199.—Le Frappement du Rocher. Tableau imposant pour sa belle composition, sa couleur et son grand effet. T. l. 84 p., h. 64 p.

JORDANO (Lucas).

200.— Deux bons Tableaux : l'un représentant la Destruction du temple consacré au paganisme, et l'autre, Saul poursuivant David. T. h. 75 p., l. 67 p.

BASSOU.

201.—Jésus conduit devant Pilate, par des soldats. Très-bon Tableau de ce maître. T. h. 26 p., 18 p.

MIGNARD.

202. — Un beau Portrait de Charle le Brun, peintre de Louis XIV, de forme ovale. T. h. 26 p., l. 18 p.

ORIZONTI.

203. — Deux paysages du style héroïque, ornés de fabriques dans le goût antique, et quelques jolies figures. T. l. 18 p., h. 14 p.

CORTONE.

204.—Madelaine pénitente, ayant ses cheveux flottans sur ses épaules. Deux Anges viennent la trouver dans le désert, et lui présentent les insignes de la passion de notre Seigneur. T. l. 3o p., h. 86 p.

GOUACHES, DESSINS ET GRAVURES,

EN FEUILLES ET ENCADRÉES, RECUEILS, ETC.,

Par un Auteur hollandais inconnu.

205. — 36 Cadres, contenant une suite d'Oiseaux européens, et des diverses parties de l'Amérique, précieusement exécutés à gouache. Collection rare et intéressante et difficile à rencontrer.

MOUCHERON,

206.—Un magnifique Dessin colorié; le plus capital que l'on connaisse de ce maître.

NOEL.

207.— Deux grandes Gouaches, représentant des Marines.

GROSBON.

208.— 4 principales Vues de Lyon, gouachées.

FINART.

209.— Une Danse de Femmes, dans un paysage, aquarelle.

JOLIMONT.

210.— Deux Vues de Rouen; gouache.

L'ANGLOIS.

211 — Vue de l'Eglise de N.-D. de Bon-Secours, en Normandie.

PILLEMENT.

212 — Groupes d'Animaux, et Paysages au crayon noir.

BOISSIEU.

213—Un Dessin capital : aquarelle.

LE MÊME.

214—Un Dessin très-précieux, aux trois crayons.

BALTARD.

215 — Une Vue du Louvre : aquarelle.

PRUDHOM.

216— Deux très-jolis Dessins au bistre, sujets de la Fable.

NICOLE.

217 — 4 Dessins.

LE MÊME.

218 — Deux autres en cadres.

LE MÊME.

219 — Deux autres, dont un au bistre.

BOURGEOIS.

220— Vue des murs de Senlis, Dessin à l'encre de Chine.

VALIN.

221 — Bacchantes et Amours : aquarelle.

VERRICK.

222 -- Deux Marines, Dessins à l'encre de Chine.

SWAGERS.

223 -- Deux jolis fixés : Marine et Paysage.

LE MÊME.

224 -- Deux Marines, dessins au crayon et lavis.

BELLANGER, architecte du Roi.

225 -- 2 Vues de jardins.

MOREAU.

226 -- Paysages, 2 Gouaches d'une touche fine et d'une jolie composition.

VAGNER.

227 -- Très-joli dessin de ce maître, gravé sous le titre des *Environs de Dresde.*

INCONNU.

228 -- Deux charmans fixés, intérieurs et extérieurs de monumens gothiques.

DUVAL.

229 -- Paysages, figures et animaux fixés.

LANGLOIS.

230 -- Marine au clair de lune et Paysage : 2 Gouaches.

MAKENSIE.

231 — Vue de Westminster : aquarelle.

DOIS.

232 — Deux fixés, paysages.

FINART.

233. -- Une Danse de Femmes.

JOLIMONT.

234. -- Deux Vues de Rouen.

VALENCIENNE (Ecole de)

235. — Deux Vues des jardins d'Ermenonville.

GRAVURES DIVERSES ET RECUEILS.

STRANGE.

236. — Les deux Vénus.
Deux belles gravures anglaises, manière noire. *The farmer's stable. The farm yard.* Et nombre d'autres qui seront vendues par lots.

237. — Principaux Monumens de la ville de Rouen; trente-deux sujets lithographiés, et texte par T. Jolimont; 1 vol. cartonné.

238. — Les Mausolées français, principaux tombeaux des cimetières de Paris; 52 planches, et Notices biographiques, imprimées chez Firmin Didot; 1 vol. in-4°, cartonné. Par T. Jolimont.

239. — Voyage autour du monde, par L. Choris; 1 vol. petit in-folio.

240. — Recueil de Costumes espagnols, publiés par ...., 100 pièces; Modes et Costumes du règne de Louis XV, 100 pièces coloriées avec soin ; 1 vol. relié.

241. — Un volume contenant les gravures de la Colonne de la place Vendôme.

Histoire des Chênes de l'Amérique , par M. Michaux.

242. — Statues de la galerie Giustiniani.

Un porte-feuille de Dessins anciens et modernes.

CURIOSITÉS.

243. — Une Coupe d'agate, richement montée.

Quatre Vases d'albâtre, bien montés.

244. — Une charmante Pendule de marqueterie.

Diverses dorures.

245. — Plusieurs Terres cuites.

246. — On vendra sous ce Numéro, tous les objets que le temps ne nous a pas permis de décrire, ou qui nous sont parvenus trop tard pour être placés dans ce Catalogue.

www.ingramcontent.com/pod-product-compliance
Ingram Content Group UK Ltd.
Pitfield, Milton Keynes, MK11 3LW, UK
UKHW022149070726
13613UKWH00003B/1449